INFLUENCER DI SUCCESSO

GUIDA PRATICA PER CONQUISTARE INSTAGRAM IN 5 PASSI

Domus Aurea

SOMMARIO

INTRODUZIONE

Benvenuto/a nella guida definitiva su come diventare un influencer famoso su Instagram partendo da zero!

In un'era in cui i social media hanno un impatto sempre maggiore sulle nostre vite, Instagram si è affermato come una delle piattaforme più popolari e potenti per condividere contenuti e raggiungere un vasto pubblico.

Se hai mai sognato di ispirare, influenzare e connetterti con le persone attraverso la tua passione, allora sei nel posto giusto. Questo libro è stato creato con l'obiettivo di offrirti una mappa dettagliata per trasformare la tua presenza su Instagram in un'opportunità per costruire una carriera come influencer di successo. Indipendentemente da chi tu sia o da dove tu venga, puoi utilizzare questa piattaforma per esprimere te stesso/a, condividere le tue esperienze e raggiungere una vasta gamma di persone in tutto il mondo.

Forse hai sempre desiderato condividere la tua passione per il trucco, la moda, il fitness, la cucina o qualsiasi altra cosa che ti appassiona. O forse hai un'esperienza unica da condividere che potrebbe ispirare e aiutare gli altri. Qualunque sia il tuo scopo, diventare un influencer su Instagram richiede impegno, dedizione e una strategia ben definita. Questo libro ti guiderà passo dopo passo attraverso il processo di costruzione della tua presenza su Instagram, partendo da zero.

Potrai esplorare le fondamenta dell'influencer marketing e ti fornirò strumenti, strategie e consigli pratici per aiutarti a distinguerti dalla massa e a creare un'autentica connessione con la tua audience.

Inizierai il tuo percorso comprendendo l'importanza di individuare la tua nicchia, perché è cruciale focalizzarsi su un argomento specifico per attrarre un pubblico interessato e costruire un seguito fedele.

Successivamente, imparerai a costruire un brand personale solido che ti distinguerà dagli altri influencer e che crei una connessione autentica con il tuo pubblico.

Si approfondiranno le diverse tipologie di contenuto che potrai creare su Instagram e come utilizzare gli strumenti di editing e le funzionalità della piattaforma per migliorare la qualità dei tuoi post.

Inoltre, ti fornirò le strategie generali di crescita, organica e a pagamento, per aumentare la visibilità del tuo profilo per raggiungere un pubblico più ampio.

Infine, potrai imparare la gestione efficace del tuo account Instagram, compresa l'interazione con i tuoi followers, la gestione delle collaborazioni con altri influencer e l'utilizzo di analisi per valutare e migliorare le prestazioni del tuo profilo.

Ricorda, però, che diventare un influencer famoso su Instagram richiede tempo, impegno e pazienza. Non esistono soluzioni magiche o scorciatoie immediate per il successo. Tuttavia, con la giusta strategia e un'attitudine positiva, potrai costruire

una presenza influente e trasformare la tua passione in un'opportunità di business.

CAPITOLO 1: SCOPRI LA TUA NICCHIA

Il primo passo cruciale per diventare un influencer famoso su Instagram è scoprire la tua nicchia. Cosa ti appassiona veramente? Quali sono le tue competenze uniche? Identificare una nicchia ti permetterà di concentrarti su un argomento specifico, costruire una comunità di seguaci interessati e distinguerti dagli altri influencer.

In questo capitolo, ti guiderò attraverso l'importanza della scelta di una nicchia e ti darò suggerimenti pratici su come trovare quella giusta per te.

Per diventare un influencer famoso su Instagram, il primo passo fondamentale è quindi scoprire la tua nicchia.

Una nicchia rappresenta un argomento specifico o un settore di interesse in cui puoi concentrare la tua attenzione e creare contenuti rilevanti per un pubblico specifico.

Di seguito troverai le strategie per poter cominciare a costruire il tuo cammino verso il successo.

Identifica le tue passioni, le tue competenze e fai una ricerca di mercato

Inizia il tuo viaggio verso l'influenza su Instagram facendo un'autoriflessione sincera sulle tue passioni e le tue competenze. Quali sono gli argomenti che ti appassionano veramente? Cosa ti fa sentire vivo/a e motivato/a?

Prenditi del tempo per riflettere su ciò che ti rende unico/a e considera le tue competenze speciali in un determinato ambito.

Se vuoi annota le tue idee su un foglio per poterle riprendere in un secondo momento e per non dimenticarle.

Una volta che hai identificato le tue passioni e le tue competenze, è importante condurre una ricerca di mercato per valutare il potenziale della tua nicchia.

Cerca di capire se ci sono già influencer di successo che si occupano dell'argomento che hai scelto e analizza il loro stile, la loro audience e le loro strategie.

Questo ti darà un'idea della concorrenza e delle opportunità di crescita nel tuo settore.

Trova un punto di differenziazione e analizza il pubblico di riferimento

Per emergere e distinguerti dagli altri influencer, devi trovare un punto di differenziazione nella tua nicchia.

Cosa puoi offrire di unico o diverso rispetto agli altri?

Potrebbe essere un approccio creativo, un'esperienza personale o una prospettiva originale sull'argomento.

Trova un modo per mettere in evidenza ciò che ti rende speciale e sfruttalo come punto di forza nella tua strategia di branding.

Una volta identificata la tua nicchia e il tuo punto di differenziazione, è importante comprendere il tuo pubblico di riferimento. Fai una ricerca accurata sui tuoi potenziali seguaci: chi sono, quali sono i loro interessi, quali problemi o desideri cercano di soddisfare?

Queste informazioni ti aiuteranno a creare contenuti pertinenti e coinvolgenti che risuonino con la tua audience.

Sviluppa una strategia di contenuto

Con una chiara comprensione della tua nicchia e del tuo pubblico di riferimento, puoi sviluppare una strategia di contenuto mirata. Decidi quali tipi di contenuto intendi creare, come foto, video, storie o una combinazione di essi.

Pianifica la frequenza delle pubblicazioni e sviluppa una voce autentica e coerente che rifletta la tua personalità e il tuo brand.

Sperimenta e adatta

Una volta che hai avviato il tuo percorso di influencer, sii pronto/a a sperimentare e adattare la tua strategia in base ai feedback e alle reazioni del tuo pubblico.

Monitora attentamente l'engagement e le metriche di performance per capire cosa funziona e cosa no.

Sii aperto/a ai cambiamenti e alle nuove tendenze nel tuo settore e cerca di migliorare costantemente la qualità dei tuoi contenuti.

In conclusione, scoprire la tua nicchia è il primo passo cruciale per diventare un influencer di successo su Instagram.

Sii autentico/a, differenziati dagli altri e crea contenuti pertinenti per il tuo pubblico di riferimento.

Ricorda che il percorso per diventare un influencer richiede tempo, dedizione e costante adattamento, ma con la giusta strategia e una passione genuina, puoi raggiungere i tuoi obiettivi.

CAPITOLO 2: COSTRUISCI IL TUO BRAND PERSONALE

Una volta individuata la tua nicchia, è fondamentale costruire un brand personale solido su Instagram. Il tuo brand sarà la tua identità online e ti aiuterà a creare un'immagine riconoscibile e coerente.

In questo capitolo, imparerai come definire la tua mission, il tuo stile, il tuo tono di voce e la tua estetica. Scoprirai l'importanza di possedere un nome utente unico e di una biografia coinvolgente e originale.

Nel capitolo precedente, hai imparato come scoprire la tua nicchia e come identificare il tuo punto di differenziazione. Ora è il momento di costruire il tuo brand personale su Instagram.

Il tuo brand sarà la tua identità online e ti aiuterà a creare un'immagine riconoscibile e coerente per la tua presenza su questa piattaforma.

Definisci la tua mission e viluppa uno stile coerente

La prima cosa da fare per costruire il tuo brand personale è definire la tua mission. Qual è lo scopo principale del tuo account Instagram? Quali valori e messaggi vuoi trasmettere?

La tua mission dovrebbe riflettere la tua passione, i tuoi obiettivi e ciò che vuoi offrire al tuo pubblico.

Una volta identificata la tua mission, mantienila come una bussola guida in tutto ciò che farai su Instagram.

Per creare un brand riconoscibile, è fondamentale sviluppare uno stile coerente per le tue pubblicazioni su Instagram. Ciò include l'utilizzo di una determinata estetica visiva, scelta di colori, font e composizione delle immagini.

Pensa a quale tipo di atmosfera o mood vuoi trasmettere attraverso le tue foto e lavora per mantenere coerenza nel tuo stile nel tempo. Questo aiuterà a creare un'immagine di marca facilmente riconoscibile dai tuoi followers.

Cura il tuo nome utente e la biografia

Il tuo nome utente su Instagram è un'importante componente del tuo brand. Scegli un nome che sia unico, facile da ricordare e che rifletta la tua nicchia o la tua personalità. Assicurati che sia disponibile e che non sia troppo simile a quello di altri influencer.

Inoltre, dedica del tempo a scrivere una biografia coinvolgente che catturi l'attenzione del tuo pubblico e trasmetta chi sei e cosa offri.

Utilizza una strategia di storytelling e partnerships

Lo storytelling è un potente strumento per coinvolgere il tuo pubblico e creare un legame emotivo con loro. Racconta la tua storia personale, le tue esperienze e le tue sfide.

Condividi contenuti che ispirano e connettono con le persone. Usa didascalie significative per accompagnare le tue immagini e coinvolgere i tuoi seguaci.

Lo storytelling ti aiuterà a creare un'esperienza unica per il tuo pubblico e a costruire una connessione autentica.

Le collaborazioni con altri influencer o marchi possono aiutarti a costruire il tuo brand personale e a raggiungere un pubblico più vasto.

Cerca opportunità di collaborazione con persone o marchi che si allineano con la tua nicchia e i tuoi valori.

Le partnership possono includere scambi di contenuti, promozioni congiunte o partecipazione a eventi.

Assicurati che le collaborazioni siano autentiche e che apportino valore sia a te che al tuo pubblico.

Coinvolgi la tua community

Il coinvolgimento della tua community è fondamentale per costruire un brand personale solido. Rispondi ai commenti, alle domande e ai messaggi diretti dei tuoi seguaci.

Mostra gratitudine verso il tuo pubblico e crea un ambiente di interazione positiva.

Organizza sondaggi, concorsi o altre attività che coinvolgano attivamente i tuoi seguaci. Questo aiuterà a creare un senso di fedeltà e appartenenza nella tua community.

In conclusione, costruire il tuo brand personale è essenziale per diventare un influencer di successo su Instagram. Definisci la tua mission, sviluppa uno stile coerente, cura il tuo nome utente e la biografia e utilizza il potere del storytelling.

Sfrutta le opportunità di collaborazione e coinvolgi attivamente la tua community.

Ricorda che il tuo brand personale è la chiave per distinguerti dagli altri influencer e creare un'impronta duratura su Instagram.

CAPITOLO 3: CREA CONTENUTI DI QUALITÀ

Il contenuto dei tuoi messaggi rappresenta il cuore di Instagram; quindi, è essenziale creare post di qualità che catturino l'attenzione dei tuoi seguaci.

In questo capitolo, ti guiderò attraverso le diverse tipologie di contenuto che puoi creare, come foto, video, storie e IGTV.

Imparerai anche a utilizzare strumenti di editing e a sfruttare al massimo le funzionalità di Instagram per migliorare la qualità dei tuoi contenuti.

Nel capitolo precedente, hai imparato come costruire il tuo brand personale su Instagram. Ora è il momento di concentrarci sulla creazione di

contenuti di qualità.
*I contenuti che pubblichi rappresentano la tua voce
e la tua presenza su questa piattaforma. Offrire un
valore autentico e coinvolgente al tuo pubblico è
essenziale per diventare un influencer di successo.*

Identifica i tipi di contenuto adatti alla tua nicchia

Ogni nicchia ha i suoi tipi di contenuto preferiti.

Identifica quali formati funzionano meglio per la tua

nicchia e il tuo pubblico di riferimento.

Potrebbe trattarsi di foto di alta qualità, video tutorial,

storie di dietro le quinte, post informativi o altro

ancora.

Scegli i tipi di contenuto che meglio si adattano alle tue competenze e alla tua personalità, ma assicurati che siano rilevanti e interessanti per il tuo pubblico.

Cura la qualità visiva e offri valore e soluzioni

Su Instagram, l'aspetto visivo dei tuoi contenuti gioca un ruolo fondamentale nell'attirare l'attenzione del pubblico.

Fai attenzione alla qualità delle tue foto e dei tuoi video. Utilizza buone tecniche di composizione, considera l'illuminazione e utilizza strumenti di editing per migliorare la qualità visiva dei tuoi contenuti.

Un'estetica accattivante e curata aiuterà a distinguerti e a catturare l'interesse del tuo pubblico.

Per diventare un influencer di successo, è importante offrire valore al tuo pubblico.

Cerca di comprendere le esigenze, i problemi e le aspirazioni del tuo pubblico di riferimento.

Crea contenuti che forniscono soluzioni, ispirano o informano. Puoi condividere consigli pratici, tutorial, guide, storie di successo o esperienze personali che possano essere utili e significative per il tuo pubblico.

Utilizza una voce autentica e pianifica e organizza il tuo calendario editoriale

La tua voce e la tua personalità sono ciò che ti distingue dagli altri influencer. Sii autentico/a e mostra la tua vera personalità attraverso i tuoi contenuti.

Non avere paura di mostrare le tue opinioni, le tue emozioni e le tue sfide. Il tuo pubblico apprezzerà la tua autenticità e si sentirà più connesso con te.

La pianificazione è fondamentale per mantenere una coerenza nella pubblicazione dei contenuti.

Crea un calendario editoriale in cui pianifichi in anticipo i tuoi post e le relative didascalie. Questo ti aiuterà a mantenere una presenza costante su Instagram e a gestire meglio il tuo tempo. Utilizza strumenti di programmazione per programmare i tuoi post in anticipo, se necessario.

Monitora l'engagement e l'analisi dei dati

Monitora l'engagement e l'analisi dei dati per valutare l'efficacia dei tuoi contenuti. Prendi in considerazione le metriche come i like, i commenti, le condivisioni e le visualizzazioni.

Analizza quali tipi di contenuti ricevono più interazioni e adattati di conseguenza.

Impara dai tuoi successi e dai tuoi errori e sii disposto/a a sperimentare e a migliorare costantemente i tuoi contenuti.

In conclusione, la creazione di contenuti di qualità è fondamentale per diventare un influencer famoso su Instagram. Identifica i tipi di contenuto adatti alla tua nicchia, cura la qualità visiva, offri valore e soluzioni, utilizza una voce autentica, pianifica e organizza il tuo calendario editoriale e monitora l'engagement.

Ricorda che la qualità dei tuoi contenuti è ciò che attirerà e fidelizzerà il tuo pubblico.

CAPITOLO 4: STRATEGIE DI CRESCITA

Ora che hai costruito una base solida, è il momento di far crescere la tua presenza su Instagram.

In questo capitolo, approfondirai diverse strategie di crescita organica e pagata, l'importanza dell'interazione con la community, del coinvolgimento dei tuoi seguaci e delle collaborazioni con altri influencer.

Ti fornirò consigli utili su come adoperare gli hashtag in modo efficace e come sfruttare le opportunità offerte dalle funzionalità di ricerca di

InstagramOra che hai imparato a creare contenuti di qualità, è il momento di concentrarsi sulle strategie di crescita e promozione per aumentare la tua visibilità e il numero di seguaci su Instagram.

Questo capitolo percorrerà diverse strategie e approcci che possono aiutarti a espandere la tua presenza e ad attrarre un pubblico più ampio.

Utilizza l'hashtag in modo strategico

Gli hashtag sono strumenti potenti per aumentare la visibilità dei tuoi contenuti su Instagram.

Utilizza hashtag rilevanti e specifici per la tua nicchia, in modo da essere scoperto/a da persone interessate all'argomento che trattate. Fai una ricerca di hashtag popolari nel tuo settore e utilizzali in modo coerente nei tuoi post.

Tieni anche conto delle tendenze degli hashtag e partecipa a discussioni e challenge pertinenti per amplificare la tua visibilità.

Collabora con altri influencer e marchi

Le collaborazioni con altri influencer o marchi possono essere una strategia efficace per espandere la tua visibilità e raggiungere nuovi pubblici.

Cerca influencer o marchi che condividono interessi simili alla tua nicchia e proponi collaborazioni sinergiche. Ciò potrebbe includere scambi di contenuti, ospitate reciproche o partecipazioni a eventi congiunti.

Le collaborazioni ti consentono di accedere alla loro audience e di aumentare la tua visibilità.

Promuovi i tuoi contenuti su altre piattaforme

Sfrutta altre piattaforme di social media e i tuoi canali online per promuovere i tuoi contenuti su Instagram.

Condividi estratti o anticipazioni dei tuoi post su Instagram su piattaforme come Facebook, Twitter o YouTube.

Utilizza il potere del cross-promotion per indirizzare il tuo pubblico verso il tuo account Instagram.

Inoltre, puoi anche promuovere i tuoi contenuti tramite il tuo blog, newsletter o tramite pubblicazioni su siti o riviste online che trattano la tua nicchia.

Interagisci con il tuo pubblico

L'interazione con il tuo pubblico è fondamentale per costruire relazioni significative e per aumentare il coinvolgimento. Rispondi ai commenti, ai messaggi diretti e alle menzioni che ricevi. Fai domande al tuo pubblico nelle didascalie dei tuoi post per stimolare le conversazioni. Organizza sessioni di domande e risposte o sondaggi nelle tue Storie per coinvolgere attivamente il tuo pubblico.

Mostrare un interesse genuino verso i tuoi seguaci aiuta a creare una community fedele e ad aumentare l'engagement.

Utilizza la pubblicità a pagamento

Se desideri accelerare la crescita del tuo account Instagram, puoi considerare l'utilizzo della pubblicità a pagamento.

Instagram offre strumenti di promozione come gli annunci pubblicitari sponsorizzati che ti consentono di raggiungere un pubblico più ampio e specifico.

Puoi impostare target di pubblico basati su interessi, demografia e comportamenti per raggiungere le persone che potrebbero essere interessate al tuo contenuto.

Utilizza questa opzione con una strategia ben definita e con un budget adeguato per ottenere il massimo beneficio.

Analizza e adatta la tua strategia

Monitora costantemente i risultati delle tue strategie di crescita e promozione. Utilizza le analisi di Instagram per valutare le prestazioni dei tuoi post, gli insight sul pubblico e l'engagement.

Analizza quali tattiche funzionano meglio e adatta la tua strategia di conseguenza. Sii disposto/a a sperimentare, a testare nuove idee e a migliorare continuamente la tua strategia di crescita.

In conclusione, le strategie di crescita e promozione sono essenziali per aumentare la tua visibilità e il numero di seguaci su Instagram.

Utilizza hashtag strategici, collabora con altri influencer e marchi, promuovi i tuoi contenuti su altre piattaforme, interagisci attivamente con il tuo pubblico, considera l'utilizzo della pubblicità a pagamento e monitora costantemente i risultati.

Ricorda che la crescita organica richiede tempo e impegno, ma con le giuste strategie puoi raggiungere i tuoi obiettivi di diventare un influencer famoso su Instagram.

CAPITOLO 5: GESTISCI IL TUO ACCOUNT IN MODO EFFICACE

Essere un influencer richiede una gestione attenta e strategica del tuo account Instagram. In questo capitolo, imparerai come pianificare il tuo contenuto per raggiungere gli obiettivi prefissati.

Ora che hai imparato a costruire il tuo brand personale, creare contenuti di qualità e promuovere la tua presenza su Instagram, è il momento di esaminare la gestione dell'influenza e le opportunità di monetizzazione.

Inoltre, imparerai differenti metodi per gestire la tua presenza come influencer e sfruttare il potenziale di guadagno sulla piattaforma.

Mantieni l'autenticità

Una delle chiavi per il successo come influencer è mantenere l'autenticità. Continua a essere fedele a te stesso e ai valori del tuo brand personale.

Non compromettere la tua integrità per scopi di guadagno.

Il tuo pubblico si connette con te perché si fidano della tua autenticità. Mantieni una comunicazione sincera e trasparente con il tuo pubblico e sii selettivo/a nelle partnership e nelle sponsorizzazioni che intraprendi.

Sfrutta le opportunità di sponsorizzazione e crea prodotti o servizi

La sponsorizzazione è una delle principali fonti di guadagno per gli influencer su Instagram.

Una volta che hai costruito una solida presenza e hai guadagnato un buon numero di seguaci, potrai essere contattato da marchi interessati a collaborare con te.

Valuta attentamente le proposte di sponsorizzazione, assicurandoti che siano in linea con i tuoi valori e interessi.

Crea contenuti autentici che integrano il marchio in modo naturale e coinvolgente. Oltre alla sponsorizzazione, puoi considerare la creazione dei tuoi prodotti o servizi.

Questo ti permette di monetizzare la tua influenza in modo diretto e di creare un'offerta unica per il tuo pubblico.

Ad esempio, potresti sviluppare una linea di prodotti correlati alla tua nicchia o offrire servizi di consulenza basati sulle tue competenze.

Assicurati di offrire valore e qualità per mantenere la fiducia del tuo pubblico.

Partecipa a eventi e workshop

Partecipare a eventi, conferenze e workshop può essere un'opportunità per espandere la tua rete di contatti e generare entrate.

Potresti essere invitato/a come speaker o moderatore a un evento della tua nicchia. Inoltre, potresti organizzare workshop o sessioni di formazione online in cui condividi le tue competenze e il tuo know-how con il tuo pubblico.

Sfrutta queste occasioni per aumentare la tua visibilità e consolidare la tua posizione come esperto/a nella tua area di influenza.

Utilizza il potere dell'affiliazione

L'affiliazione è un altro metodo di monetizzazione comune per gli influencer. Puoi diventare affiliato/a di marchi o prodotti che si allineano con la tua nicchia e promuoverli attraverso il tuo account Instagram.

Riceverai una commissione ogni volta che un tuo seguace acquista un prodotto o servizio tramite il tuo link di affiliazione. Assicurati di scegliere prodotti o servizi di qualità che soddisfino le esigenze del tuo pubblico.

In conclusione, gestire e monetizzare la tua influenza su Instagram richiede una strategia oculata e una costante attenzione all'autenticità e ai valori del tuo brand personale.

Sfrutta le opportunità di sponsorizzazione, creando contenuti autentici che integrano i marchi in modo naturale.

Considera anche la possibilità di creare i tuoi prodotti o servizi, offrendo valore unico al tuo pubblico.

Partecipa a eventi e workshop per ampliare la tua rete di contatti e generare entrate aggiuntive.

Sfrutta il potere dell'affiliazione, promuovendo prodotti o servizi di qualità tramite il tuo account Instagram e guadagnando commissioni sulle vendite.

Ricorda sempre di mantenere l'autenticità e di offrire valore ai tuoi seguaci, poiché la fiducia e l'impegno del tuo pubblico sono fondamentali per il tuo successo come influencer.

CONCLUSIONI

In questo libro, hai esplorato il percorso per diventare un influencer famoso su Instagram partendo da zero e hai affrontato diverse fasi cruciali, dalla costruzione del tuo brand personale, alla creazione di contenuti di qualità, alla promozione e alla monetizzazione della tua influenza.

Lungo il cammino, hai imparato l'importanza dell'autenticità, della cura dei dettagli visivi, dell'offerta di valore al tuo pubblico e della gestione strategica delle partnership e delle opportunità di guadagno.

Diventare un influencer di successo richiede tempo, impegno e costante adattamento alle nuove tendenze e alle esigenze del pubblico. Non esiste una formula magica per il successo immediato, ma seguendo i principi e le strategie condivise in questo libro, hai tutte le basi per costruire la tua presenza influente su Instagram.

Ricorda sempre che l'autenticità è la chiave. Il tuo pubblico si connette con te perché sei genuino/a e rappresenti qualcosa di significativo per loro.

Sii fedele a te stesso/a e mantieni i tuoi valori, anche mentre cerchi opportunità di sponsorizzazione o di guadagno.

La fiducia e il coinvolgimento del tuo pubblico sono il motore del tuo successo come influencer.

"Non sono influencer per scelta, ma per destino. Destino di rendere il mondo migliore con la mia influenza." - Anonimo